ຫ້ອງຮຽນສິລະປະ

ໂດຍ: ອານານົ ຊູດູແນນ

Library For All Ltd.

ອົງການ Library For All ແມ່ນອົງການບຸທີ່ບໍ່ຫວັງຜົນກຳໄລ ທີ່ມີພັນທະກິດທີ່ຈະເຮັດໃຫ້ທຸກຄົນສາມາດເຂົ້າເຖິງແຫຼ່ງຄວາມຮູ້ ຜ່ານນະວັດຕະກຳຫອງສະໝຸດດິຈິຕອນ. ເຂົ້າເບີ່ງລາຍລະອຽດເພີ່ມເຕີມທີ່: libraryforall.org

ທ້ອງຮຽບສິລະປະ

ພິມຄັ້ງທຳອິດ 2020

ຈັດພິມໂດຍ: ອົງການ Library For All
ອີເມວ: info@libraryforall.org
URL: libraryforall.org

ທ້ອງຮຽບສິລະປະ
ຂູດແມນ, ອາມານີ
ISBN: 978-9932-09-136-2
SKU01104

ຮູບນີ້ແຫຼ່ງມາຈາກ pxfuel.com, pickpik.com, flickr.com, piqsels.com, pikrepo.com, dover.af.mil, freepik.com, wallpaperflare.com ພາຍໃຕ້ລິຂະສິດການນຳໃຊ້ CCO.

ທ້ອງຮຽນສິລະປະ

2

ຂ້ອຍແຕ້ມຮູບ.

ຂ້ອຍທາສີ.

ARIANNA
ELISA

6

ຂ້ອຍຈ້າສີ.

ຂ້ອຍພັບເຈ້ຍ.

ຂ້ອຍຕິດກາວ.

ຂ້ອຍຕັດເຈ້ຍ.

ຂ້ອຍປັ້ນດິນ.

ຂ້ອຍທຍັບແສ່ວ.

ຂ້ອຍທ້ອຍຖັກ.

ຂ້ອຍສາມາດເຮັດໄດ້ຫຼາຍຢ່າງໆ.

ຂໍ້ມູນທາງບັນນາບຸກິນຂອງທໍສະໝຸດແຫ່ງຊາດ

ອາມານີ ອູດູແມນີ
        ທ້ອງຮຽນສິລະປະ 1 / ໂດຍ ອາມານີ ອູດູແມນ. -- ວຽງຈັນ :
ມັກອານ, 2020
        21 ໜ້າ : ພາບປະກອບສີ ; 21 ຊມ
        1. ວັນນະກຳສຳລັບເດັກ
        I. ຊື່ເລື່ອງ
808.899282 -- DC21
        ເລກທະບຽນພິມຈຳໜ່າຍ: ຕາມໜບ300ພຈ 27102020
        ISBN 978-9932-09-136-2

ເຈົ້າສາມາດໃຊ້ຄຳຖາມດັ່ງລຸ່ມນີ້ເພື່ອສືບທະບາກ່ຽວກັບເລື່ອງທີ່ອ່ານກັບ ຄອບຄົວ, ໝູ່ ແລະ ຄູອາຈານ.

ເຈົ້າໄດ້ຮຽນຮູ້ຫຍັງຈາກເລື່ອງນີ້?

ຈົ່ງອະທິບາຍເລື່ອງນີ້ ໂດຍໃຊ້ຄຳບັບຍາຍ
1ຄຳ. ຕະຫຼົກ? ຢ້ານ? ມິສິສັນ? ໜ້າສົນໃຈ?

ເມື່ອອ່ານຈົບແລ້ວ,
ເລື່ອງນີ້ໃຫ້ຄວາມຮູ້ສຶກຫຍັງແດ່?

ໃນເລື່ອງນີ້, ເຈົ້າມັກສິ່ງໃດຫຼາຍທີ່ສຸດ?

ກ່ຽວກັບຜູ້ປະກອບສ່ວນ

Library For All ເຮັດວຽກຮ່ວມມືກັບນັກຂຽນ ແລະ ນັກແຕ້ມ ທ່ົວ ໂລກເພື່ອສ້າງເລື່ອງທີ່ຫຼາກຫຼາຍ, ມີຄຸນນະພາບສູງໃຫ້ກັບຜູ້ ອ່ານໂຕນ້ອຍ. ທຸກຄົນສາມາດເຂົ້າໄປ ເວັບໄຊ libraryforall.org ເພື່ອຮູ້ຂ່າວຫຼ້າສຸດ ກ່ຽວກັບກິດຈະກຳຝຶກອົບຮົມນັກຂຽນ, ຄູ່ມືຕ່າງໆ ແລະ ໂອກາດສ້າງສັນອື່ນໆ.

ປຶ້ມທິ່ວນີ້ມ່ອນບໍ?

ພວກເຮົາມີປຶ້ມຫຼາຍຮ້ອຍຫົວໃຫ້ເລືອກອ່ານ.

ພວກເຮົາຮ່ວມມືກັບນັກຂຽນ, ຜ່ຽງຊານດ້ານການສຶກສາ, ທີ່ປຶກສາທາງດ້ານວັດທະນະທຳ, ລັດຖະບານ ແລະ ອົງກອນທີ່ບໍ່ຂຶ້ນກັບລັດຖະບານ ເພື່ອນຳຄວາມເພີດເພີນ ໃນການອ່ານໃຫ້ກັບເດັກນ້ອຍທົ່ວທຸກແຫ່ງ.

ຮູ້ບໍ?

ພວກເຮົາສ້າງການປ່ຽນແປງທີ່ດີໃນຂົງເຂດນີ້ ໂດຍປະຕິບັດ ເປົ້າໝາຍ ການພັດທະນາແບບຍືນຍົງຂອງສະຫະປະຊາຊາດ.

libraryforall.org